Casi un libro

Claudio Furnier

Published by Claudio Furnier, 2024.

CASI UN LIBRO

First edition. May 9, 2024.

ISBN: 979-8224724437

Written by Claudio Furnier.

Also by Claudio Furnier

Dibujos para creer en algo
Catarsis, la psicología en dibujos
Minimalism
Minimalism
Augusto y Cleopatra, el yin y el yang
La vida es graciosa
Las emociones están de humor
Love
Todos deberíamos hacer terapia
Organizador agenda
Casi un libro

Claudio Furnier

CASI UN LIBRO
Claudio Furnier
2024 -

COSAS QUE QUIERO HACER DESPUÉS DE MORIR:

☆ TOCAR EL ARPA
☆ SOPLAR NUBES
☆ VOLAR

FUR

MIGUEL
EL INDECISO

LOS MOSQUITOS
YO
FOURNIER

¿ME ESTÁ REZANDO
O ESTÁ MIRANDO EL
CELULAR, HERMANA
MARTHA?

PELEAS
MATRIMONIALES
© FOURNIER

© Furnier.

&Mi clima ideal:
un día de lluvia con
sol, sin viento,
20 grados celsius
y tortas fritas
sobre la mesa

FÉLIX EL INSTAGRAMER

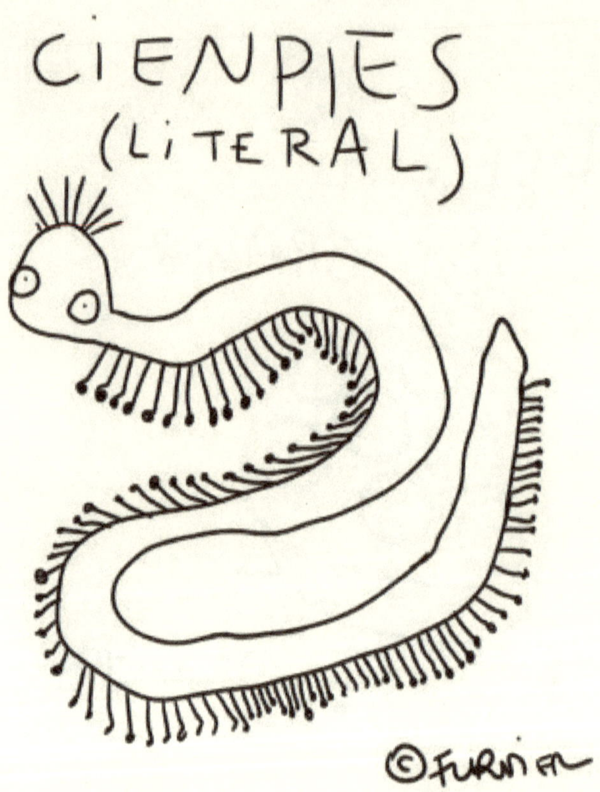
CIENPIES
(LITERAL)
©Furnier

SI SE ACABA
EL MUNDO VOY
A DONAR TODO
MI DINERO...

@FOURNIER.

¿ZAPATILLAS
MUy PESADAS
TIENEN?
ZAPAS

LUCI FER

NO ENTIENDO...
SI COMPETÍ YO
SOLO, ¿POR QUÉ
SALÍ TERCERO?
1
2
3
© FURNIER

NO ME
GUSTAN LOS
VELORIOS...
AL ÚNICO QUE
VOY A IR ES
AL MÍO.

@FOURNIER.

TENGO
SECRETOS QUE
MIS OJOS NO
SABEN OCULTAR

@FURNIER.

NO NECESITO
3 DESEOS.
NECESITO
EFECTIVO
©FURNIER.

JUNTOS PODREMOS
RESOLVERLO...

SOBRE TODO
SI HACES MI PARTE...

©FURNIER.

SOY DE LA
GENERACIÓN
DE LOS QUE MI
GENERACIÓN
ES LA MEJOR

Olivier

No QUIERO TENER PROBLEMAS CON LA LEY, POR ESO TRATO DE ESCRIBIR SIN FALTAS DE ORTOGRAFÍA...
©Furnier

¡RINDANSE!!
© FURNIER

3 de Diciembre

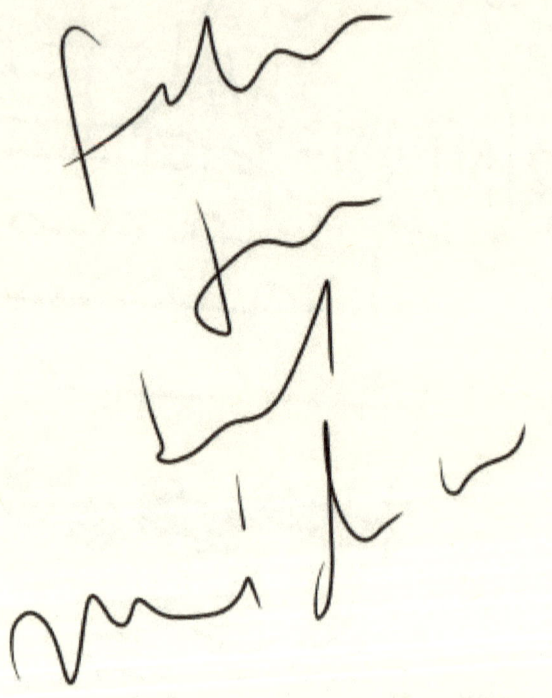

UN PEDIDO A LA POBLACIÓN EN GENERAL: SÓLO LLAMEN POR ATAQUES DE VILLANOS... NO POR ATAQUES DE ANSIEDAD... REPITO...

OBVIO que Si
TUViERa RaZÓN
NO
GRiTaRÍA!!!
FURNIER.

NUNCa
TeRMINO
LO
QUe
EMPie
FURNIER

TENGO UN SOLO
SEGUIDOR...
FURNIER.

EL VIAJE COMIENZA
DESDE QUE LO GOOGLEAS
FURNIER.

ESTOY
MARCANDO
TENDENCIA
.FURNIER.

ESTAR EN PAZ
ES UN PODER...
...LASTIMA
NO PODER...
FURNIER.

SOY TAN
INTELIGENTE
QUE an √3 ⅇ
Mi ⨀ ' ' ıᴜᴜ
= X : [ͻᴖ]
+ ͻᴖᴜ √

FURNIER.

ÉRAMOS,
Demasiado JÓVENES
para DARNOS cuenta
de LO JÓVENES
que ÉRamos...
FURNIER
FOTOS

SUFRÍ CUANDO
ME DEJASTE POR
ELLA CON LA MISMA
INTENSIDAD CON
LA QUE DISFRUTÉ
CUANDO ELLA
TE DEJÓ...
FURNIER.

OLA de CALOR
¡SI FUERA UN HUEVO estaría frito!
FURNIER

LLEVO UN
DESNUDO
DEBAJO de
La CAMISETA

NO QUIERO
PECAR DE
SOBERBIO,
PERO DEBO ser
UNO de LOS
DESCONOCIDOS
más FAMOSOS
deL MUNDO

TURNER

SOY UN TIPO de
60 que PARECE
de 40 Y
actúa COMO
de 20°
FURNIER.

A TODOS
LOS QUE ESTÉN
A FAVOR DE
MÍ QUIERO
DECIRLES QUE
ME SUMO

Fournier.

DISFRUTA EL
MOMENTO... LA
VIDA ES CORTA

Me interesa el sentido de la vida, pero primero me gustaría descifrar porqué se me pierden las medias de a una...

Fournier.

Me saqué
una selfie
y salió un
tipo 20
años más
grande que
yo
FURNIER

¿QUIÉN ES EL MACHO ALFA?
FURNIER

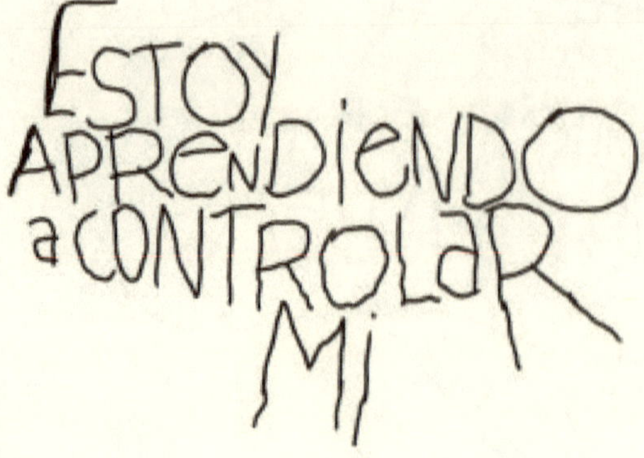

ANSIEDAD

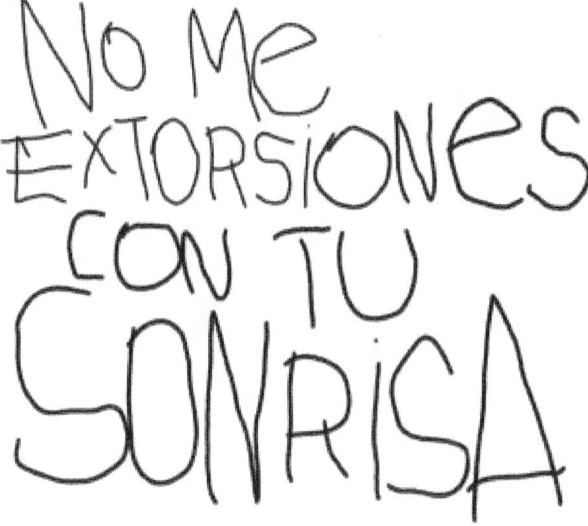
NO ME
EXTORSIONES
CON TU
SONRISA
FURNIER.

SOY. MI ÚNICA OPCIÓN PARA SER YO...

FURNIER

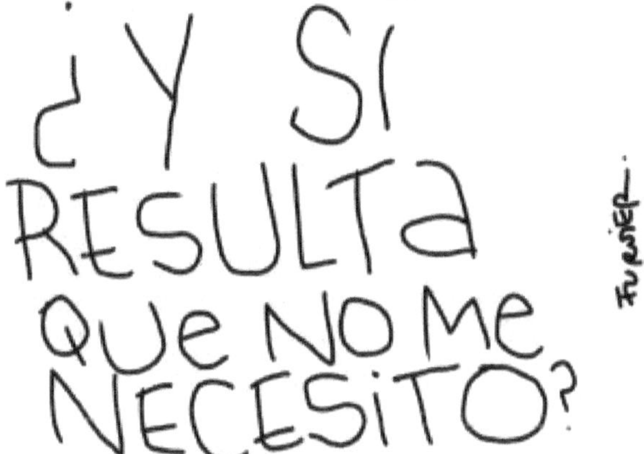
¿Y SI
RESULTA
QUE NO ME
NECESITO?
TURNER

LA LÍNEA
↓
___

(EL HUEVO
DE UN DIBUJO)

©FURNIER.

¿NO ESTAREMOS CAMINANDO EN CÍRCULOS?
FURNIER

DISFRUTEMOS...
TODAVÍA QUEDA
MUCHO POR
EMPEORAR
FURNIER.

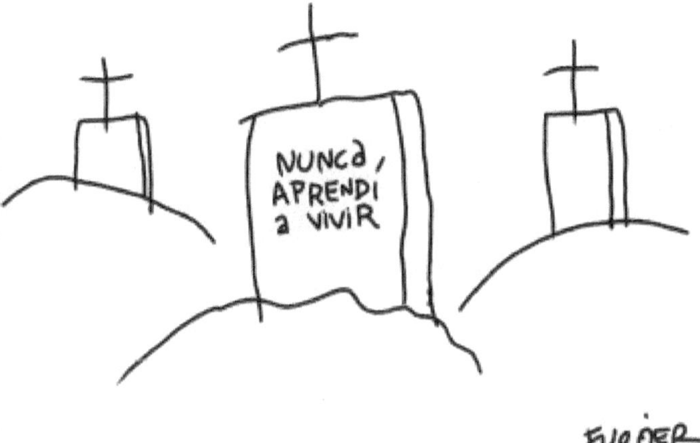

NUNCA,
APRENDI
a VIVIR
FURÑER

QUIERO
GRITAR
FURNIER.

TÓMATE UN CAFÉ Y DESPIERTA...
...MEJOR PRIMERO DESPIERTA Y LUEGO EL CAFÉ
FORGES

NO SE OPINA
SOBRE LOS CUERPOS
AJENOS

LOS MOSQUiTOS
NO Me PiCAN,
PERO ME SiGÚEN
LOS ALACRaNeS
FURNiER.

SER VIEJO
ES SENTIR
QUE TODOS
TUS COMPAÑEROS
DE CURSO
ESTÁN MUY,
MUY VIEJOS,
EXCEPTO VOS

ME GUSTARÍA CONOCERTE MEJOR: SABER MÁS DE TUS PROBLEMAS PSICOLÓGICOS, TUS NEUROSIS, TUS TRAUMAS...

MI ESPOSA ES
MUY DESORDEANDA
FURNIER.

YO NO TENGO
MÚSCULOS, PERO
MI ACTITUD, SÍ

TURNIER.

NaDie me
quieRe...
¿SeRá PoR mi
PERSONaLiDAD?
FuRNiER

La FELICIDAD
ViENE EN UN
FRASCO
RARO

ESTÁS
TOMANDO
MUCHO

VOLVAMOS
A LO SPLE

TURNER.

NO TeNGO
ODREN

MI SONRISA
FALSA

ENAMÓRATE
de mí, que es
lo único que
tengo

FURNIER.

OSCAR a la
MEJOR ACTUACIÓN :
"NO VOY A LA OFICINA
PORQUE ESTOY DESCOMPUESTO"
FURNIER .

PeNSaR Que
de JOVEN fui PUNK

NOS PICÓ EL
BICHITO DEL AMOR
FURNER.

TODOS
SOMOS
REYES
de ALGO
FURNIER.

SaLUDANDO
aVIONES
Que PASAN...
FURNIER

PUPOCÉNTRICO

LUNES, caminando
Hacia eL TRaBaJo
FuRNiER

UN AÑO
MáS de
PASADO
FURNIER.

ALGO de TI en MÍ
Y ALGO de MÍ en TI

MI CORAZÓN
HACE LO QUE QUIERE...
FUNER

FUERZA POÉTICA

MarCa
CHOTA

ALGUNOS
PATOS SON
FELICES
CUANDO SE
SALEN DE LA
FILA
FURNIER.

EL ENEMIGO NOS
CLAVÓ EL VISTO!
FVRNIER

EL CiELO y eL iNFiERNO

RECALCULANDO

Mi NUEVA
CaMPeRa OVeR
SiZE
FURNIER.

ME VISTO CON
MI PROPIA BARBA
FURNIER.

ESTOY
PENSANDO
SERIAMENTE
EN DARLE
de ALTA
A MI
PSICÓLOGA
FURNIER.

YO

HOLA, PERDIDO

FURNIER.
YO MEDITO PERO MI
CABEZA NO

NO FUE TAN DIFÍCIL...

CIEN AÑOS de SOLEDAD

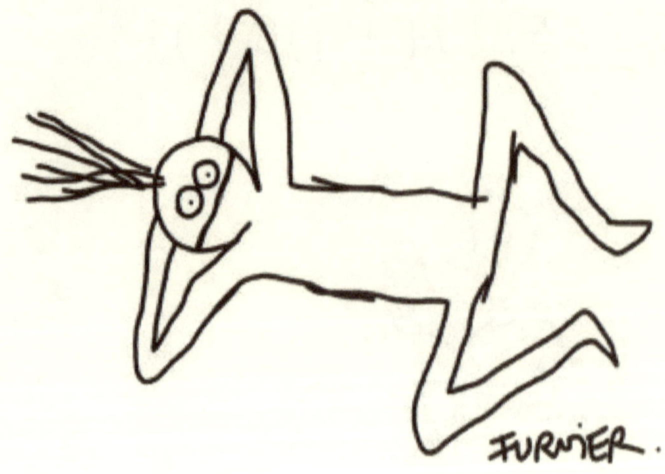
LISTO PARA
ENFRENTAR Mi
RUTINA LABORAL
FURNIER.

LOS BOTINES
de MBAPPÉ

PERDÓN. AMIGA, me COLGUÉ
FURNIER

HOME OFFICE

LA NARANJA MECÁNICA

TE
MANDO
ESTE
AUDIO
PARA
AVISARTE
QUE TE
MANDÉ
UN AUDIO

NOS
OBSERVAN

A MENUDO LOS
HIJOS, SE NOS
PARECEN

FURNIER

YO EMPECÉ
TERAPIA PORQUE NO
TENÍA CON QUIÉN
CHUSMEAR

nada

TATTOOS
No me hagan Bullying

EL BAILARÍN QUE
TRABAJA EN INFORMES

FURNIER.

TENGO MIEDO
DE ESTAR
PROTAGONI-
ZANDO
EL PEOR
CHISTE DEL
MUNDO.
FURNIER

DISEÑO
RECHAZADO
PARA UN NUEVO
PROTOTIPO DE.
LAMBORGHINI
FORNIER

FURNIER

¡QUÉ MALA
SUERTE!
UN TRÉBOL
DE 5 HOJAS!

FURNIER.

PERDIENDO
CONMIGO
MISMO
YO
YO
YO
FURNIER.

TE ESTOY
CONOCIENDO
DE A
POCO

CLAUDIO FURNIER

SaLuDo aL SoL

¿QUÉ ANOTÉ ACÁ?
¿TRASTORNO de PERSONALIDAD,
o TRASTORNO de ANSIEDAD?

HOY
AYER
MAÑANA

DaME
AMOR

GOOOOOOO OOOL!!!
FURNIER.

SOY MI PROPIO JEFE

LUNES

VIERNES
FURNIER.

NADA LO INMUTA
FURNIER

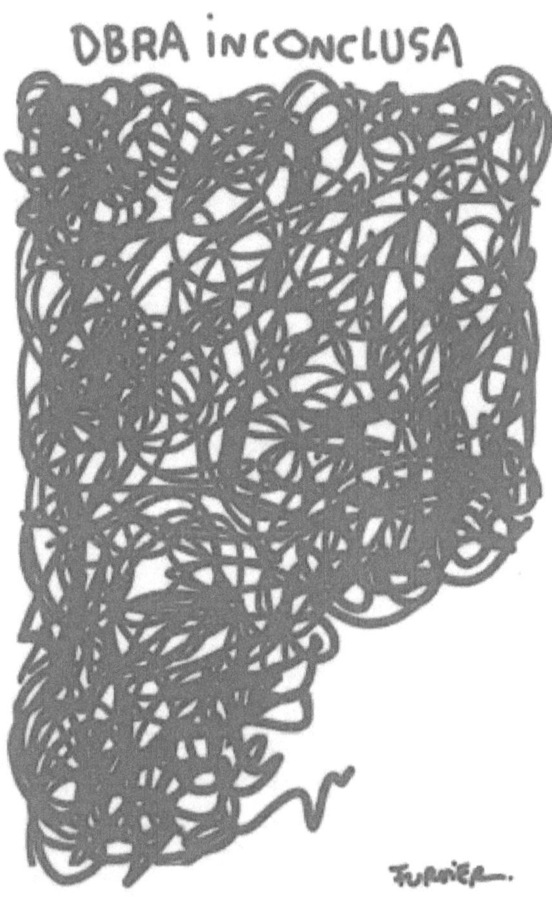
DBRA iNCONCLUSA
TURNER.

YENDO de La Cama
al LIVING
FURNIER.

SENTIDO DE LA VIDA

SIN TÍTULO

FURNIER.

CÓMO DIBUJAR UNA PERSONA PEQUEÑITA
CÓMO DIBUJAR UNA PERSONA GIGANTE

DIBUJANDO
SIN LUZ
Furnier

FURNIER:

CONSejos

~~para~~

para

DiBUJar:

COMieNce:

FIN

PERSONA VESTIDA   PERSONA DESNUDA

EL CÍRCULO
IMPERFECTO

FURNIER.

NO TRATES
DE ENTENDERLO
FURNIER.

¿Me invitas un trago?

ES eL
MESSi de
LiMPiaR LOS BañOS...
FURNIER

PERFECT DAY
PERFECT DAY
FURÍER

MI
DESODORANTE
MI
OLOR a
CHIVO

La Danza y yo

PIENSO QUE
FURNIER.

BLANCO SOBRE BLANCO

LOS PLAZOS
MIS TRÁMITES
Furnier

LLuvia de COLORES

TENGO HAMBRE,
¿VAMOS A CONQUISTAR
HUMANOS?

NO ME DESPI
DAN. TRABAJO
EN ESTE CHISTE
FURNIER.

CONFERENCIA
SOBRE LAS CLAVES
DEL ÉXITO

SE SUSPENDE
POR FALTA DE
PÚBLICO...

FURNIER

ASÍ SE VIO EL ECLIPSE HOY

DAME EL CELU
FURNIER

NO ESTOY EN POSICIÓN de EXIGIR NADA
FURNIER.

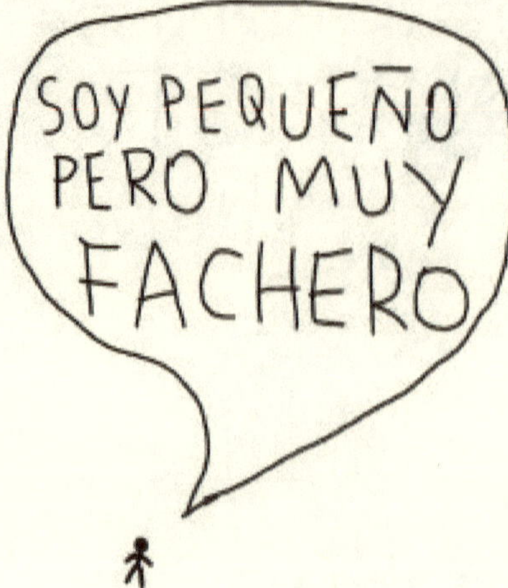
SOY PEQUEÑO
PERO MUY
FACHERO

cARNE ASADA CON
FINaS HIERBAS
(césped)
FURUTER

ÚLTIMAS IMÁGENES DEL SOL

ME ENCANTA TU CUERPO
FURNIER

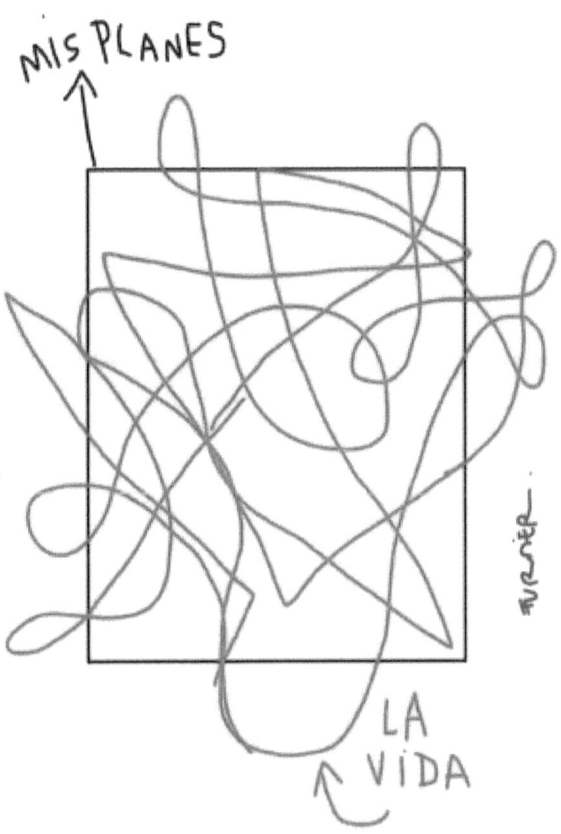
MIS PLANES
LA VIDA
TURNER

LAS OVEJAS BALAN

EL TREN BALA

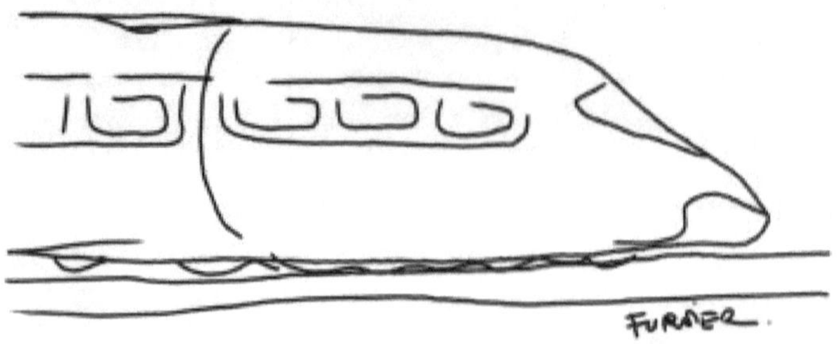

OSO CON
MOÑO

OSO CON
ÑOÑO

TE
QUIERO

PERO
NO TE
ESPERO!!!

FURNIER

UNA COPITA
POR NOCHE
FURNIER

VOY AL GYM
FURNIER.

SALGO DEL GYM
POC. POC

OSO
COSO
FURNIER.

ALGORITMO
ALGO DE RITMO
meiau
FURNIER

YO SOY
ESTO

NO HAGAS
QUE ME
CONVIERTA
EN ESTO

LA BUENA ES QUE
LE VAMOS A SUBIR EL
SALARIO ACORDE A SU
CATEGORÍA, RUBENOVICH...

LA MALA ES QUE VAMOS
A PRESCINDIR DE SUS SERVICIOS PORQUE NOS
RESULTA UN EMPLEADO MUY COSTOSO...

nada

¡¡ NO ME HABLEN
LOS DOS a la VEZ!!..

LO QUE ESTE AUTO
NECESITA ES UN BUEN
PSICÓLOGO
FURNIER

TAL
PARA
CUAL
FURNiER

SOY
DULCE

PERO NO
MELOSO

HOY SALE HOME
OFFICE, JEFE
FURNIER.

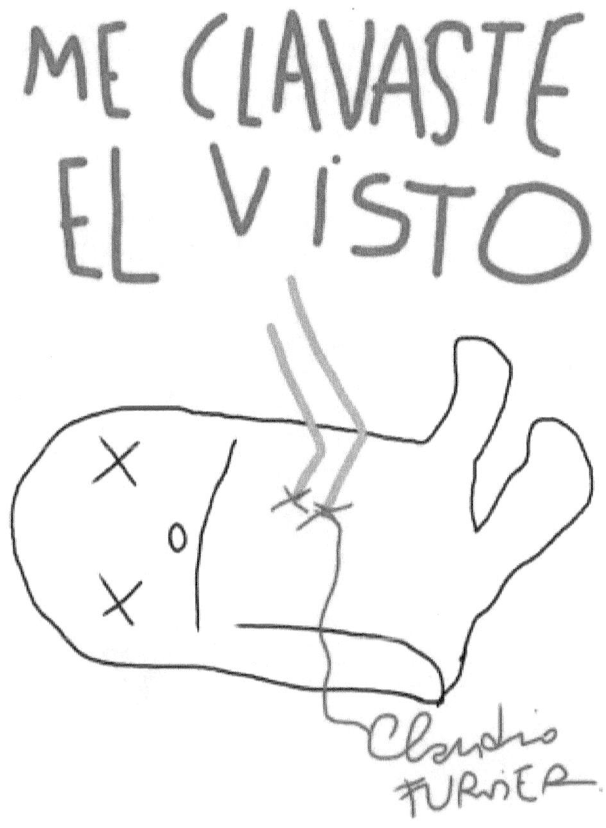

ME CLAVASTE EL VISTO
Claudio
FURNIER

LOS 4 ELEMENTOS

AIRE   TIERRA

AGUA   VACACIONES

VIVE SIN NORMAS
VIVE SIN NORMA
NORMA
FORGES

UH, QUÉ PENA. NO VOY A PODER IR A TU VELORIO PORQUE TENGO UN MILLÓN DE COSAS QUE HACER! NO SABES CÓMO LO LAMENTO

CHIQUITITO
PERO PODEROSO
TURNER

¿Y? ¿QUÉ PASA QUE NO ME INVITA A SALIR? ESTOY ANSIOSA POR DECIRLE QUE NO...
FURNIER.

¿CUÁL ES SU PRINCIPAL VIRTUD?
NO TENGO NINGUNA
PERFECTO. LA HUMILDAD...
RRHH
FOURNIER

PERDÓN POR LLEGAR DOS DÍAS SEGUIDOS TARDE, JEFE...
PERO SI AYER FUE DOMINGO
ME REFIERO A HOY Y MAÑANA

TENGO TANTOS
PROYECTOS PARA
PROCRASTINAR EN EL
FUTURO, MAMÁ...
SUAREZ

LO SIENTO,
NO ESTOY
DISPUESTA
A PELEAR.
YA NI ESO
PODEMOS
HACER JUNTOS,
RENATA!!!

CON ESA CARITA, SEGURO ME VIENE A PEDIR PLATA
POR LA CARA QUE TIENE NO CREO QUE SEA EL MOMENTO PARA PEDIRLE DINERO

TODO ME DA RISA
MENOS EL HUMOR

HIJO, ALGÚN DÍA SERÁS COMO YO
¿RICO?
NO GORDO

TRATANDO DE
CONVENCER A MI
YO DEL PASADO DE
QUE SE VAYA DE
UNA VEZ...

Te PERDONO
PORQUE ERES
UN
IMBÉCIL...

VOY A ESCRIBIR
UNA NOVELA AUTOBIOGRÁFICA
SOBRE UN ESCRITOR QUE
ESCRIBE UNA NOVELA AUTO.
BIOGRÁFICA

LA VIDA PASA
MUY RÁPIDO... APENAS
TERMINE EL DÍA
DEL NIÑO NOS PONEN
EN LA SECCIÓN
OFERTAS..

TURNER.

ARTE
ESTO
ES
ARTE!

DEJANDO LOS VICIOS...
FURNIER

TeNemos TuRNO
PARA uN FuTuRO
iNCiERTO
FURNER.

ME ENCANTA COMO CANTAS...
ESTABA ESTORNUDANDO

NADAL | NADA

INVERSIONES

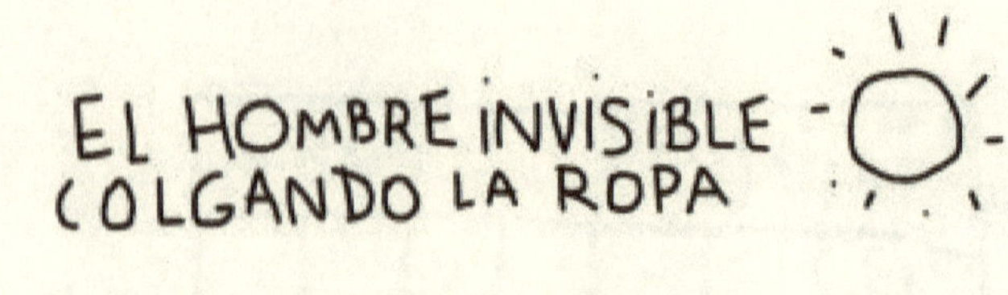

EL HOMBRE INVISIBLE
COLGANDO LA ROPA

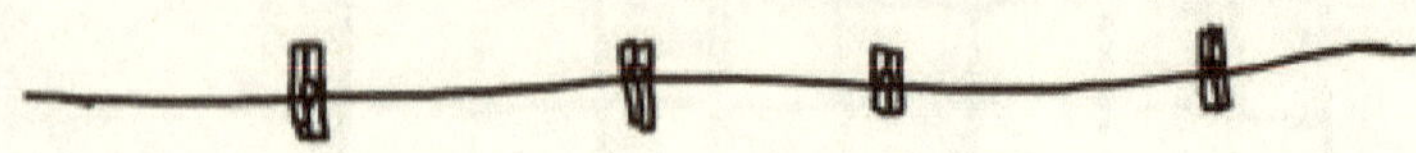

FURNIER

T
E A
D R

CLAUDIO FURNIER

VENDO AUTO
CON TRES NIÑOS
ADENTRO

POR DENTRO
SOY UN CHICO
TRANQUILO

EL GAUCHO
VEGANO
FURNIER

MÉ SUMO
HA LA
REVOLUSION
ORTOGRAFIKA

CAMBiÉ MiS
SUEÑOS POR
Mi SUEÑO
FURTNER

RECALCULANDO

casual
Day
OFFICE
FURNIER

NO vine a HABLAR
de ciertas
cosas...

LOS 4 ACUERDOS
TOLTECAS

1 - NO HAGAS PRESUPOSICIONES

2 - DA LO máximo de Ti

3. NO TOMES NADA PERSONAL

4. NO ME LO ACUERDO

FURNIER.

EL HOMBRE
es EL MEJOR
AMIGO deL PERRO
?
FURNIER

OPTIMISMO
FURNIER

CReMa
DeL
CIELO

Claudio Furnier nació y vive en Córdoba.
Es profesor de Letras y Dibujante humorístico.
Creador de los personajes de Junot tarjetas,
de Charly Huesos y de Los BaTaToS; la agencia
Cartoon Stock distribuye sus dibujos internacionales.
@furnierclaudio en Redes sociales.

Editorial YAMMAL CONTENIDOS recopila
y edita todos sus trabajos de humor gráfico.

Don't miss out!

Visit the website below and you can sign up to receive emails whenever Claudio Furnier publishes a new book. There's no charge and no obligation.

https://books2read.com/r/B-A-RTTDB-JRHGD

BOOKS 2 READ

Connecting independent readers to independent writers.

Did you love *Casi un libro*? Then you should read *Minimalism*[1] by Claudio Furnier!

Furnier presents vignettes, designs, humour, drawn words, illustrations, drawings, tattoos... linear, simple because less is more.

---

1. https://books2read.com/u/47vWWq

2. https://books2read.com/u/47vWWq